Empleados públicos, de confianza, transitorios y privatización de las agencias gubernamentales en Puerto Rico

Tabla de Contenido

La situación actual en nuestra isla ha provocado que miles de puertorriqueños emigren hacía otras partes del mundo, la infraestructura se deteriore, alza en la criminalidad, tasa de desempleo aumente, pero mas preocupante aun, la desconfianza hacia el gobierno se ha acrecentado significativamente. Aunque esta situación no ocurre únicamente en Puerto Rico sino también en América Latina y otras partes del mundo. Incluso, Linz en su texto presenta estadísticas demostrando que la confianza de los ciudadanos en América Latina hacia los partidos políticos es mas baja que la confianza en las Fuerzas Armadas[1].

Cónsono con esta realidad, los servicios en nuestras agencias gubernamentales son cada vez mas burocráticos y deficientes lo que aumenta el malestar del pueblo hacia los funcionarios del estado. Muchas veces, porque la opinión general del ciudadano es que los puestos dentro de los diversos componentes del estado suelen ser concedidos a amigos, familiares, seguidores del partido político de mayoría, entre otros. Ciertamente, esta acción tiene la fatal repercusión de que los empleados públicos que obtienen puestos por las razones antes expresadas se sientan a si mismos como *intocables* lo que

---

[1] Linz, Juan. *et.al*. 2007 *Partidos Políticos: Viejos Conceptos y Nuevos Retos*. Madrid:Editorial Trotta

indudablemente causa inestabilidad en el servicio que se le provee al ciudadano en diversas agencias gubernamentales. De esta manera, el estado debe colocar todos sus esfuerzos en evitar lo anterior y mejorar y agilizar los servicios ofrecidos al ciudadano de manera de recuperar poco a poco la credibilidad de al menos un aspecto del Gobierno. Asimismo, lo anterior no es la forma correcta de contratar a las personas mas idóneas del puesto a ser ocupado lo cual afecta el desempeño de la agencia al no tener las personas más capacitadas para los puestos que muchas veces se otorgan.

Conforme a lo antes expuesto, nuestro trabajo de investigación va dirigido a analizar detenidamente si ante el panorama antes descrito la solución única y absoluta debe ser el de privatizar las agencias gubernamentales y ponerlas en manos de entidades privadas evitando el panismo político, falta de liquidez del estado, entre otras

cosas.

HIPÓTESIS

Como parte del siguiente trabajo investigativo que he de elaborar, planteo la siguiente hipótesis: La privatización de las agencias gubernamentales en Puerto Rico debe ser un hecho ya que es la única solución para mejorar la crisis económica y social que impera en nuestra isla.

JUSTIFICACIÓN DE LA HIPÓTESIS

De conformidad a lo establecido en la Exposición de Motivos de la Ley 8-2017 conocida como "Ley para la Administración y Transformación de los Recursos Humanos en el Gobierno de Puerto Rico" para el 2017 se encontraban operando unas 118 agencias ejecutivas a un costo aproximado de $21,800 millones para proveer unos 340 servicios.

Ante este cuadro fáctico resulta insostenible para la situación económica en la que se encuentra el país. Por tanto, el operar esta cantidad de agencias a un costo tan elevado sin tener los recursos económicos para ello, ciertamente es de esperarse que los servicios al pueblo se vean severamente afectados al igual que la infraestructura de las que muchas de estas agencias son responsables de mantenerlas en buenas condiciones.

No empece a lo anterior, la privatización de las agencias gubernamentales de Puerto Rico tendría el efecto inmediato de aliviar el bolsillo del Gobierno, mejorar el servicio e infraestructura del país mediante entidades privadas, mantener una competencia abierta de los distintos servicios en aras de no monopolizar ninguno de ellos, obtener un beneficio económico mediante contribuciones impuestas a estas entidades privadas, entre otras. Al fin y al cabo, no seríamos el único territorio que privatiza servicios públicos y obtiene resultados positivos como resultado de dicha acción, como veremos mas adelante.

CUERPO DE EVIDENCIA

A. Contratación de empleados públicos, transitorios y de confianza

Al desarrollar la presente investigación resulta fundamental definir y explicar dos (2) tipos de empleados públicos que ocupan puestos en diversas agencias gubernamentales y que en muchas ocasiones son criticados severamente ya sea por sus beneficios, altos salarios, pobre desempeño, entre otras cosas.

El Reglamento Núm. 8826 del 14 de octubre de 2016, conocido como "Reglamento para la Administración de Empleados Transitorios" de la Oficina de Capacitación y Asesoramiento de Asuntos Laborales y de Administración de Recursos Humanos define el empleado transitorio como:

...el empleado reclutado en el servicio público para cubrir necesidades temporales, de emergencia o imprevistas, o programas o proyectos bona fide de una duración determinada, o cuando las condiciones o naturaleza del trabajo hagan impracticable la creación de un puesto. Su reclutamiento estará sujeto a una evaluación a los fines de determinar si los candidatos reúnen los requisitos mínimos del puesto y las condiciones generales de ingreso al Servicio Público. Los nombramientos de estos empleados son por un término fijo no mayor de doce (12) meses. Mientras duren las circunstancias que dieron origen al nombramiento dicho término podrá prorrogarse con previa aprobación de la OCALARH.

Por otro lado, el empleado de confianza es definido como aquellos que intervienen o colaboran sustancialmente en la formulación de la política pública, que asesoran directamente o que prestan servicios directos al jefe de la agencia o asesoran al mismo, **cuyo nombramiento es de libre selección y remoción**. (Énfasis nuestro) (Véase Reglamento Núm. 8826, supra, Articulo IV (12))

Sobre el empleado de confianza, la Ley 8-2017, supra, dispone que el personal comprendido en el servicio de confianza según se define en esta Ley será de libre selección, libre remoción y deberá reunir aquellos requisitos de preparación, experiencia y de otra naturaleza que la Autoridad Nominadora considere imprescindibles para el adecuado desempeño de las funciones asignadas al puesto.

Con el transcurso de los años, los nombramientos de empleados transitorios y de confianza han sido el trampolín para burlar o facilitar el ingreso de nuevos empleados al sistema público sin muchas veces contar con la capacidad necesaria para ocupar dichos puestos, particularmente los de confianza.

La derogada Ley del Personal del Servicio Público[2] introdujo a nuestro sistema de administración pública el principio de mérito. Este principio, el cual se mantiene vigente en la Ley 8-2017, tenia como fin que fueran los más aptos los que sirvan al Gobierno y que todo empleado sea seleccionado, adiestrado, ascendido, tratado y retenido en su empleo en consideración al mérito y capacidad, sin discrimen conforme a las leyes aplicables, incluyendo discrimen por razón de raza, color, sexo, nacimiento origen o condición social, por ideas políticas

---

[2] *Ley Número 5 del 14 de octubre de 1975, conocida como Ley del Personal del Servicio Público".*

o religiosas, edad, condición de veterano, ni por impedimento físico o mental.

Cónsono con lo anterior, la designación de empleados transitorios o de confianza suele ser un subterfugio para ingresar al servicio público sin tener que competir conforme lo establece nuestra disposición legal a tales efectos. Sin embargo, *el empleado de confianza se distingue porque la afiliación política es un requisito sine qua non para obtener el empleo*[3].

Si bien es cierto que los puestos de confianza suelen ser ocupados por personas dispuestas a adelantar la política pública que su "jefe" desee implementar, ello no debe ser la razón única para sus designaciones o

---

[3] *Fernández, Demetrio. 2006 "La Formación de la Política Publica", Ethos Gubernamental. num. III*

nombramientos. Ello pues, atenta contra el principio de mérito antes discutido de que sea la persona mas idónea la que ocupe puestos en el Gobierno. Por tanto, es responsabilidad de nuestra Asamblea Legislativa en legislar para regular estas acciones e impedir que el Gobierno tenga cabida para "unos pocos". *Esto debido a que el Poder Legislativo es el pulmón del funcionamiento democrático; las políticas no se hacen solamente a través de leyes, pero las leyes son parte crucial de toda política*[4].

Para atender el problema antes planteado, el Honorable Gobernador Ricardo Roselló Nevares emitió una Orden Ejecutiva (OE-2017-001) donde, en síntesis, ordenaba eliminar los puestos de confianza y reducir en

---

[4] *Boeninger, Edgardo. 1994 "La gobernabilidad: un concepto multidimensional". ¿Qué espera la sociedad del gobierno? Editado por Luciano Tomassini. Santiago: Universidad de Chile.*

un 20% estos puestos en todas las agencias del Gobierno. No obstante, el resultado de dicha orden solo quedó plasmado en un documento. Ello pues, según el Registro de Puestos de la Oficina del Contralor de Puerto Rico la propia Oficina del Gobernador aumentó su plantilla de confianza en un 20.2% entre el 2017 y 2018. Al mismo tiempo, las corporaciones públicas añadieron 152 plazas durante ese mismo periodo.

Como vemos, los gobernantes de nuestra isla no han atendido el asunto aun cuando la problemática antes planteada es evidente. Así las cosas, llegó el momento de actuar y de priorizar los asuntos importantes en nuestra isla, ello si queremos realmente salir de la crisis actual. Nuestro reto entonces es recuperar la confianza en el proyecto de gobernabilidad y para eso, tenemos que restaurarle credibilidad a nuestras instituciones gubernamentales, como espacio de civilidad y capacitación vital para la transformación de nuestro pueblo [5]. Tal y como indica el Dr. Cesar Rey, es fundamental desarrollar e implementar todas aquellas acciones que promuevan el mejoramiento de nuestras agencias gubernamentales. Lo contrario sería una garantía en que la privatización llegará tarde o temprano.

B. *Privatización de agencias gubernamentales*

La privatización de las "cosas" suele ser la solución mas sencilla y rápida cuando nos enfrentamos ante un problema particular. Ahora bien, resulta imperativo analizar los pros y los contras de tal decisión y que "cosas" pueden tener tal consideración.

---

[5] *Cesar Rey, El Contrato Social en Puerto Rico. 2012*

Los problemas fiscales en nuestra isla son evidentes y con el transcurso del tiempo parece empeorar, lo que ciertamente nos hace cuestionar si realmente nuestra única solución es la privatización de ciertos servicios públicos de manera que haya una reducción inmediata en los gastos del Gobierno. Sobre ello, indica [6] Santana Rabell, que las funciones tradicionales de la administración pública deben separarse de la de las actividades comerciales. Al respecto, menciona y explica un modelo interesante el cual a mi juicio establece en esencia un aspecto importante. Se trata del Modelo de Nueva Gerencia Pública donde se persigue una reestructuración agresiva y radical del rol del Estado

---

[6] Santana Rabell, Leonardo. 2003 "Entre la eficiencia y la ética: la transformación del gobierno y los valores del servicio público". Ethos Gubernamental, Vol. 1 Núm 1: págs. 51-83

mediante la reducción del tamaño y los gastos del gobierno, entre otros.

Por tanto, el Gobierno esta obligado a indagar alternativas que persigan lo que precisamente propone el referido modelo, pues de lo contrario continuaremos en un ciclo que no nos permitirá salir de la debacle socioeconómica en la que nos encontramos.

Enfrentados con agudas restricciones financieras – internas y externas–, los gobiernos se han visto obligados no solo a un responsable manejo fiscal del presente, *sino a esfuerzos adicionales por asumir como propias las irresponsabilidades del pasado*, que se manifiestan con particular crudeza en los países más endeudados[7]. La

---

[7] *Garnier, Leonardo. 2005. El espacio de la política en la gestión pública (PDF)*

política de nuestra isla se mantiene en constantes criticas hacia el oponente por las malas administraciones que han ocurrido en el Gobierno. Por tanto, mas allá de olvidar ese pasado y trabajar en beneficio del pueblo, dedican sus esfuerzos a criticar a las administraciones pasadas e intentar posicionarse correctamente frente a los ciudadanos, de forma de asegurar o ganar votos para las próximas elecciones. Sencillamente, así no se puede gobernar correcta y responsablemente a un país en quiebra.

Si bien es cierto que la privatización pudiera ser una alternativa real y rápida para solucionar nuestros problemas fiscales o al menos una parte de ellos, la realidad es que debemos ser cautelosos en los servicios que pretenderíamos privatizar. Hay ciertos servicios públicos las cuales considero que no deben dejarse a discreción de entidades privadas cuyo único fin es maximizar sus ganancias y no necesariamente garantizar el bienestar del pueblo a través de dichos servicios. Como, por ejemplo, la educación, seguridad, salud ni aquello que envuelva o interfiera con la integridad del estado, debe ser considerado como una alternativa a ser privatizado. Ello se refiere a servicios esenciales cuyo objetivo no debe ser la maximización de ganancias.

C. *Privatización de la Autoridad de Carreteras y Transportación de Puerto Rico*

Para los fines de la presente investigación, concentraremos nuestro análisis en la Autoridad de Carreteras y Transportación de Puerto Rico (en adelante, ACT) ya que evaluar y analizar cada una de las agencias conllevaría un escrito más extenso y profundo de forma de ofrecer recomendaciones responsables y razonables.

La ACT es una corporación pública creada mediante la Ley Núm. 74 de 23 de junio de 1965, según enmendada. En virtud del Plan de Reorganización Núm. 6 de 1971, la ACT quedó adscrita, efectivo el 1 de enero de 1973, al Departamento de Transportación y Obras Públicas.

Superado lo anterior, el Secretario de la ACT se encuentra facultado en ley para reglamentar el uso de las carreteras del País, incluyendo la utilización eficiente de las autopistas de peaje en Puerto Rico. Asimismo, la ley 22-2000, según enmendada, conocida como "Ley de Vehículos y Tránsito de Puerto Rico", faculta al Secretario a reglamentar todo lo concerniente a la utilización y operación del sistema automático de control de tránsito en nuestras carreteras incluyendo el uso de aparatos electrónicos o mecanizados y las estaciones de cobro de peaje, a los fines de expedir multas administrativas por las violaciones de la referida Ley.

Al comentar sobre la ACT, es imperativo discutir la administración y operación de la oficina de AutoExpreso dentro de la ACT, pues es sabido que la compañía de AutoExpreso es un ente externo contratado por esta. Sin embargo, la ACT mantiene un equipo de trabajo dedicado a AutoExpreso que se encarga de las funciones antes descritas, cuyas oficinas se encuentran localizadas en el Centro Gubernamental de Minillas.

Así las cosas, el presupuesto de la ACT para el 2017 fue de $305,258,000.00. Dicha suma fue concedida mediante una combinación de recursos que incluyen fondos federales, arbitrios, derechos de vehículos de motor y peajes, entre otros. Para el mismo tiempo, la ACT mantenía una plantilla de 1,503 empleados. En lo que nos respecta, la oficina de AutoExpreso de ACT mantiene una plantilla de solo 5 empleados para los servicios de AutoExpreso en Minillas. Actualmente, es en dicha localización donde se trabajan las solicitudes de revisión de multas administrativas y la celebración de las vistas administrativas de aquellos ciudadanos que soliciten la revisión de sus multas.

El equipo de trabajo de la ACT sobre AutoExpreso no es suficiente para atender las enormes cantidades de revisiones que reciben mensualmente. Igualmente, la poca innovación tecnológica que existe en la referida oficina impide maximizar las funciones de los pocos empleados que trabajan en la misma. Específicamente, la oficina tuvo que limitar la cantidad de solicitudes para la revisión de multas que se recibían diariamente a 200. Bajo esta limitación, semanalmente se reciben 1,000 solicitudes de revisión, lo que implican 4,000 solicitudes mensualmente. Lo peor de todo, solo cuentan con dos (2) oficiales administrativos que presiden las vistas administrativas. Estos, presiden aproximadamente 55-75 vistas mensuales, lo que implica un desbalance sustancial entre las solicitudes que se reciben en comparación con la cantidad de vistas administrativas que se presiden mensualmente. ¿De donde surgen estos datos? Por experiencia propia al haber fungido como oficial examinador en dicha agencia.

Recientemente, salió a relucir públicamente que el Gobierno de Puerto Rico estará cancelando el contrato de AutoExpreso ante la pésima administración con la que dicha entidad privada administraba el cobro de los peajes.

Sin embargo, habrá un periodo de transición antes de que AutoExpreso sea eliminado definitivamente. Durante dicho periodo el Gobierno debe analizar e investigar concienzudamente el posible sucesor de dicha entidad para que no se continúen afectando los servicios de peajes.

En Puerto Rico, consistentemente vemos que el Gobierno informa públicamente que estará tomando acción frente a ciertos problemas, pero tras vastidores era simplemente un juego político para tranquilizar a la ciudadanía y aparentar que están enfrentando los asuntos prioritarios del país. *Modest reforms créate the appearance of action without actually delivering substantially different results*[8].

Esto es un acto que no solo vemos por parte del Gobierno mientras se encuentran en el poder sino también durante el proceso de elecciones en el cual los políticos prometen cosas que ellos saben que no es posible cumplir o que sencillamente el sistema no esta apto para implementar o ejecutar lo que prometen.

Como podemos apreciar, la ACT es un perfecto ejemplo que sustenta la privatización de las agencias públicas. Claramente, no cuenta ni con la capacidad de personal suficiente para atender una de las principales quejas que afecta al país. Aparte de lo anterior, la

---

[8] *Kettl, Donald. 2005. The Global Public Management Revolution. Washington: Brookings Institute Press. Cap.6.*

situación evidente de nuestras carreteras es otra de las muchas pruebas del mal manejo de fondos, mala administración y peor servicio para los ciudadanos que habitan esta isla.

Esta y demás agencias deben de trabajar conjuntamente para establecer el plan mas adecuado y que sirva a los mejores intereses del pueblo tal como fue el proyecto de Reingeniería del Departamento de Educación[9] y el acuerdo de 10 aóos suscrito en Irlanda[10]. Dichos proyectos demuestran que el trabajo en conjunto y apartado de líneas partidistas pueden configurar cosas impresionantes.

---

[9] *Rey Hernández, César A. 2008. El Reto de la Gobernabilidad en la Educación Pública en Puerto Rico. Madrid: Taurus. Cap. 3 y 4.*
[10] *DOCUMENTO: Towards Partnership 2016 (PDF/rev).*

D. *Privatización en otros países*

Como hemos podido observar, la situación económica y administrativa de nuestra isla amerita que analicemos la viabilidad de privatizar algunas de nuestras agencias gubernamentales, particularmente la ACT.

Según demuestran estudios de investigación realizados en múltiples países sobre el efecto de la privatización de los servicios públicos, la privatización tiene efectos positivos en las economías de los países que han implementado medidas similares. Mediante la privatización los servicios que se ofrecen tienden a ser más efectivos debido a la participación de competidores en una industria particular, por ejemplo, *"... competition is the key to improving effectiveness and efficiency of public services.*"[11]

Abonado a lo anterior, es meritorio destacar un estudio realizado en diferentes prisiones públicas y privadas de Inglaterra y Wale[12]. Este estudio se basó en comparar 3 factores principales: relación entre empleados y prisioneros, profesionalismo de la administración y experiencia de los prisioneros con la autoridad estatal. Esta investigación demostró aspectos positivos y negativos de cada uno, por lo que no se pudo precisar si las prisiones públicas son mejores que las privadas o

---

[11] *Lethbridge, J. (2013). Privatisation of Public Services Impacts for Employment, Working Conditions, and Service Quality in Europe. British Journal of Industrial Relations, 51(4), 829-830.*

[12] *Crewe, B., Liebling, A., & Hulley, S. (2015). Staff-Prisoner Relationships, Staff Professionalism, and the Use of Authority in Public-and Private-Sector Prisons. Law & Social Inquiry, 40(2).*

viceversa lo cual demuestra que la privatización no es una garantía automática de resultados positivos.

Como pudimos apreciar, la privatización no es perfecta y libre de errores. No obstante, es una alternativa real que la existencia de competidores puede crear que el servicio que se ofrezca sea uno efectivo. Sin embargo, los efectos de la privatización han de observarse luego de varios años de su implementación.

Así pues, no se trata de privatizer hoy y ya mañana seremos un país libre de defectos. Sobre ello, *"The empirical findings suggest that privatization has a positive contemporaneous impact on economic growth, but the effects on labor productivity, income distribution, and unemployment appear two years after the privatization reforms."*[13]

Ciertamente, en un país donde la privatización no es la norma es de esperar cierta resistencia hacia ella. Y ello no sucede únicamente en Puerto Rico, *"Cities and towns in New England have shown less willingness to privatize public services than their national counterparts. This discrepancy could not be explained. Despite historical opposition, however, there is reason to believe that contracting out and other forms of privatization will become more popular in the future.*[14]*"* Sin embargo, es

---

[13] *Cuadrado-Ballesteros, B., & Peña-Miguel, N. (2018). The Socioeconomic Consequences of Privatization: An Empirical Analysis for Europe. Social Indicators Research, 139(1), 163-183.*

[14] *Kodrzycki, Y. K. (1994). Privatization of local public services: Lessons for New England. New England Economic Review, 31.*

imperativo buscar alternativas que nos permitan buscar mejorar nuestros servicios públicos de manera que el ofrecimiento de los mismos sean efectivos y de calidad.

CONCLUSIÓN

Conforme a lo antes expuesto, el Gobierno de Puerto Rico debe tomar acciones inmediatas y contundentes para enderezar la situación actual de nuestro país. Sencillamente, el país no soporta mas los *ay benditos* para quedar bien ante los distintos sectores. La realidad es que la situación en la que nos encontramos obliga al país, particularmente al Gobierno, a tomar acción en beneficio del país en general.

Si tomar este tipo de acción representa la pérdida de votos electorales, pues así tendrá que ser. Esa debe ser la mentalidad del político que se adentre en este juego y no para hacer una carrera vitalicia de ella. Deben trabajar, implementar, crear y desarrollar ideas en beneficio del pueblo y del país al cual ostenta dicho puesto. Vive de la política como profesión quien trata de hacer de ella una fuente duradera de ingresos; vive para la política quien no se halla en este caso[15].

Cuando analizamos a las agencias gubernamentales debemos hacerlo tomando en cuenta que estas deben tratar al ciudadano no como un cliente per se desde la perspectiva de las entidades privadas, sino como un ente con derecho a recibir un servicio adecuado. Al fin y al cabo, las agencias gubernamentales le sirven al pueblo y su funcionamiento en gran medida es financiada o costeada por los propios ciudadanos.

Por tanto, resulta frustrante y hasta en cierto punto vergonzoso el que los servicios que proveen las diversas agencias sean tan pobre e ineficiente. Es mi entender de

---

[15] Weber, Max. El Político y el Científico, S/F (PDF)

que el pueblo se merece un respeto y por ende un servicio de altura que mas allá de ser un dolor de cabeza sea un proceso sencillo del que los ciudadanos puedan participar.

Ahora bien, para ello es necesario que trabajemos todos juntos de la mano del Gobierno debido a que el *problema no es ya el gobierno, en el sentido de gobernante, sino el gobierno, en el sentido de la acción de gobernar, gobernación, gobernanza: en el gobernar más que en el gobierno*[16].

---

[16] *Luis F. Aguilar 2007. El aporte de la Política Pública y de la Nueva Gestión Pública a la Gobernanza, Caracas:Revista del CLAD#39*

RECOMENDACIONES

Luego de analizada a la ACT y de haber estudiado todo lo antes discuutido, puedo concluir que la ACT no cuenta con la capacidad estructural y de personal para gobernar apropiadamente a dicha agencia. Esta agencia recibe una cantidad exorbitante de fondos estatales y federales, el resultado de ello es un servicio pobre, unas carreteras con un constante deterioro que tiene repercusiones severas en los ciudadanos al no poder transitar tranquilamente por las vias públicas del país sin encontrar sendos boquetes que afectan los automóviles, crean accidentes, tráfico, entre otras.

Dicho eso, y luego de haber participado activamente dentro de dicha agencia, puedo determinar que la única salida ante la problemática que allí se vive es mediante la privatización. Ahora bien, no se trata de desligarse totalmente de este servicio, sino que tendrá que tener la responsabilidad en cerciorarse que el ente privado contratado ejerza un servicio en beneficio del pueblo y cuyo trabajo sea auditado y examinado por el Gobierno.

Llevamos años escuchando discursos políticos que apuntan a un restablecimiento de nuestras carreteras, sin embargo, ello solo se queda en eso, un mero discurso político para precisamente acoger el interés del pueblo, conseguir votos y permanecer en sus escaños políticos. Tristemente el político actual, mas allá de ver estas oportunidades dentro del gobierno para ser entes activos en beneficio del pueblo, ha evolucionado erróneamente a ver los puestos políticos como una oportunidad en desarrollar una carrera profesional de ella.

Es por ello que, vemos actualmente puestos políticos que son hasta heredados, pero ello no es culpa solo de los políticos sino de nosotros los ciudadanos que hemos avalado tales comportamientos con nuestro voto electoral sin exigirle a estos nada a cambio.

En segundo lugar, el Gobierno debe realizar una reestructuración en sus modelos de contratación de personal que compondrá el sistema público. Dicha reestructuración, debe dirigirse hacia la **implementación total y completa** del principio de mérito e idoneidad que permanece vigente en nuestro ordenamiento jurídico, de manera que se haga valer nuestra normativa y no quede plasmado únicamente en un texto. A tales efectos, los nombramientos, ascensos, traslados, etc. deben realizarse tomando como base principal la idoneidad de la persona que sea contratada. Esto incluyendo los puestos transitorios, de confianza y el principio de antigüedad.

Esta acción asegura que solo las personas mejor capacitadas y las mas idóneas para el puesto a ser nombradas sean las contratadas, evitando así el panismo o el amiguismo político que trae consigo el que se nombren personas para puestos importantes sin ser las mas idóneas para el mismo y cuyo panismo les otorga la protección para poder hacer lo que a otros posiblemente les sea prohibido. Sencillamente, no es posible continuar premiando la ineficacia e ineptitud mientras nuestra isla continúa hundiéndose.

BIBLIOGRAFÍA

Alonso, J.M., & Andrews, R. (2016). How Privatization Affects Public Service Quality:An Empirical Analysis of Prisons in England and Wales, 1998-2012. International Public Management Journal, 19(2), 235-263.

Boeninger, Edgardo. 1994 "La gobernabilidad: un concepto multidimensional". ¿Qué espera la sociedad del gobierno? Editado por Luciano Tomassini. Santiago: Universidad de Chile.

Crewe, B., Liebling, A., & Hulley, S. (2015). Staff-Prisoner Relationships, Staff Professionalism, and the Use of Authority in Public-and Private-Sector Prisons. Law & Social Inquiry, 40(2).

Cuadrado-Ballesteros, B., & Peña-Miguel, N. (2018). The Socioeconomic Consequences of Privatization: An Empirical Analysis for Europe. Social Indicators Research, 139(1), 163-183.

DOCUMENTO: Towards Partnership 2016 (PDF/rev).

Fernández, Demetrio. 2006 "La Formación de la Política Publica", Ethos Gubernamental. num. III.

Foley, K. (2002). Local Economies and the Impact of the Privatization of Public Services. Local Economy, 17(1), 2-7.

Garnier, Leonardo. 2005. El espacio de la política en la gestión pública (PDF).

Gollust, S. E., & Jacobson, P. D. (2006). Privatization of Public Services: Organizational Reform Efforts in Public Education and Public Health. American Journal of Public Health, 96(10), 1733-1739.

Kettl, Donald. 2005. The Global Public Management Revolution. Washington: Brookings Institute Press. Cap.6.

Kodrzycki, Y. K. (1994). Privatization of local public services: Lessons for New England. New England Economic Review, 31.

Lethbridge, J. (2013). Privatisation of Public Services Impacts for Employment, Working Conditions, and Service Quality in Europe. British Journal of Industrial Relations, 51(4), 829-830.

Ley 22-2000, según enmendada, conocida como "Ley de Vehículos y Tránsito de Puerto Rico".

Ley Número 5 del 14 de octubre de 1975, conocida como Ley del Personal del Servicio Público".

Ley Núm. 74 de 23 de junio de 1965, según enmendada conocida como "Ley de la Autoridad de Carreteras y Transportación de Puerto Rico".

Linz, Juan. et.al. 2007 Partidos Políticos: Viejos Conceptos y Nuevos Retos. Madrid:Editorial Trotta.

Ley 8-2017 conocida como "Ley para la Administración y Transformación de los Recursos Humanos en el Gobierno de Puerto Rico"

Luis F. Aguilar 2007. El aporte de la Política Pública y de la Nueva Gestión Pública a la Gobernanza, Caracas:Revista del CLAD#39.

Pack, J. R. (1987). Privatization of Public-Sector Services in Theory and Practice. Journal of Policy Analysis & Management, 6(4), 523-540.

Plan de Reorganización Núm. 6 de 1971, según enmendado.

Reglamento Núm. 8826 del 14 de octubre de 2016, conocido como "Reglamento para la Administración de Empleados Transitorios" de la Oficina de Capacitación y Asesoramiento de Asuntos Laborales y de Administración de Recursos Humanos.

Rey Hernández, César A. , El Contrato Social en Puerto Rico. 2012.

Rey Hernández, César A. 2008. El Reto de la Gobernabilidad en la Educación Pública en Puerto Rico. Madrid: Taurus. Cap. 3 y 4.

Roselló Nevares, Ricardo, Orden Ejecutiva del 2 de enero de 2017, (OE-2017-001).

Santana Rabell, Leonardo. 2003 "Entre la eficiencia y la ética: la transformación del gobierno y los valores del servicio público". Ethos Gubernamental, Vol. 1 Núm 1: págs. 51-83.

Weber, Max. El Político y el Científico, S/F (PDF)

Agradezco a mi familia y amistades por su apoyo incondicional.

Igualmente, agradeceré sus comentarios acerca del libro y los planteamientos presentados. Sería un honor recibir comentarios de lo aquí presentado por personas fuera de Puerto Rico que se puedan ver identificadas con la situación política existente en nuestra isla.

GRACIAS...

www.ingramcontent.com/pod-product-compliance
Lightning Source LLC
Chambersburg PA
CBHW061228280526
45784CB00006B/2681